9권

성숙한 교회 공동체

토기장이

토기장이 바이블 스터디 틴 시리즈는
한국교회의 청소년들이 영적으로 각성되고
말씀 위에 세워지기를 소망하며
토기장이에서 만든 청소년 성경공부 교재입니다.

특별한 표기가 없는 모든 성경 구절은 개역개정성경을 인용한 것입니다.

Contents

토기장이 바이블 스터디 틴 시리즈, 이렇게 사용하면 백점 만점!

「토기장이 바이블 스터디 틴 시리즈」는 한 가지 주제 아래 통일성 있는 예배 진행을 위한 교재로서 '찬양-설교-2부 순서-성경공부'까지 물 흐르듯 연결되어 예배의 집중도를 높이고, 짧은 성경공부 시간을 최대한 활용할 수 있도록 구성된 교재입니다.

마음을 열어봐!

성경공부를 시작하기 전, 간단하지만 톡톡 튀는 아이디어들이 가득한 짧은 활동을 통해 성경공부에 대한 기대감과 흥미를 갖게 해줍니다.

성경을 열어봐!

말씀을 배우고 깊이 묵상하는 활동입니다. 설교말씀과 함께 이어지는 본문 말씀을 읽고 문제를 풀어보세요. 성령님의 도우심을 따라 말씀을 '내 것'으로 만들어 보세요.

세상을 열어봐!

배운 말씀을 삶속에 구체적으로 적용하도록 돕는 활동입니다. 이 활동을 통해 매일매일 말씀으로 살아가는 기쁨과 능력을 경험하세요. 여러분이 세상 가운데 하나님의 은혜를 흘려보내는 축복의 통로가 되기를 기대하며 기도합니다.

Togjangi Bible study teen Series

1

성숙한 교회 공동체

01 그리스도의 몸 된 교회

성경본문 에베소서 1:20-23, 4:15-16 ; 골로새서 1:18-20
중심구절 에베소서 1:23

몸 따로 마음 따로

다음 그림을 잘 살펴보고 이상한 장면을 찾아 표시해보세요.

1. 에베소서 1장에 등장하는 '그'는 누구인가요?(엡 1:20-23)

힌트 1
그는 교회의 머리

힌트 2
교회는 그의 몸

힌트 3
하나님께서 그의 발아래 만물을 복종하게 하심

힌트 4
그는 만물을 충만하게 하시는 분

2. 건강하게 머리와 연결된 몸의 해야할 일은 무엇인가요?(엡 4:15-16)

해야할 일

❶ ____________________

____

❷ ____________________

____

3. '그'가 하시는 일은 무엇인가요?(엡 1:22-23 ; 골 1:20)

하시는 일

____

____

머리와 몸이 분리된다면

에베소서 1:20-23

20 그의 능력이 그리스도 안에서 역사하사 죽은 자들 가운데서 다시 살리시고 하
늘에서 자기의 오른편에 앉히사
21 모든 통치와 권세와 능력과 주권과 이 세상뿐 아니라 오는 세상에 일컫는 모
든 이름 위에 뛰어나게 하시고
22 또 만물을 그의 발아래에 복종하게 하시고 그를 만물 위에 교회의 머리로 삼
으셨느니라
23 교회는 그의 몸이니 만물 안에서 만물을 충만하게 하시는 이의 충만함이니라

골로새서 1:18-20

18 그는 몸인 교회의 머리라 그가 근본이요 죽은 자들 가운데서 먼저 나신 자니
이는 친히 만물의 으뜸이 되려 하심이요
19 아버지께서는 모든 충만으로 예수 안에 거하게 하시고
20 그의 십자가의 피로 화평을 이루사 만물 곧 땅에 있는 것들이나 하늘에 있는
것들이 그로 말미암아 자기와 화목하게 되기를 기뻐하심이라

에베소서 4:15-16

15 오직 사랑 안에서 참된 것을 하여 범사에 그에게까지 자랄지라 그는 머리니
곧 그리스도라
16 그에게서 온몸이 각 마디를 통하여 도움을 받음으로 연결되고 결합되어 각 지
체의 분량대로 역사하여 그 몸을 자라게 하며 사랑 안에서 스스로 세우느니라

교회의 지체인 나는

1	2	3
4	교회의 지체로서 교회의 건강을 위해 내가 할 수 있는 일을 써보세요.	5
6	7	8

오직 사랑 안에서 참된 것을 하여 범사에 그에게까지 자랄지라
그는 머리니 곧 그리스도라(엡 4:15)

02 하나의 교회

성경본문 에베소서 2:19-22, 4:1-6, 11-16
중심구절 에베소서 2:22

1분 퀴즈

1분 동안 아래의 빈칸에 당신이 생각할 수 있는 모든 이름을 적어보세요.

당신이 식사를 한 적 있는 음식점 이름들	당신이 알고 있는 학교 이름들	당신이 들어본 적 있는 교회 이름들

하나가 된다는 것

에베소서 2:19-22

19 그러므로 이제부터 너희는 외인도 아니요 나그네도 아니요 오직 성도들과 동일한
시민이요 하나님의 권속이라
20 너희는 사도들과 선지자들의 터 위에 세우심을 입은 자라 그리스도 예수께서 친
히 모퉁잇돌이 되셨느니라
21 그의 안에서 건물마다 서로 연결하여 주 안에서 성전이 되어 가고
22 너희도 성령 안에서 하나님이 거하실 처소가 되기 위하여 그리스도 예수 안에서
함께 지어져 가느니라

에베소서 4:1-6, 11-16

1 그러므로 주 안에서 갇힌 내가 너희를 권하노니 너희가 부르심을 받은 일에 합당하
게 행하여
2 모든 겸손과 온유로 하고 오래 참음으로 사랑 가운데서 서로 용납하고
3 평안의 매는 줄로 성령이 하나 되게 하신 것을 힘써 지키라
4 몸이 하나요 성령도 한 분이시니 이와 같이 너희가 부르심의 한 소망 안에서 부르
심을 받았느니라
5 주도 한 분이시요 믿음도 하나요 세례도 하나요
6 하나님도 한 분이시니 곧 만유의 아버지시라 만유 위에 계시고 만유를 통일하시고
만유 가운데 계시도다
11 그가 어떤 사람은 사도로, 어떤 사람은 선지자로, 어떤 사람은 복음 전하는 자로,
어떤 사람은 목사와 교사로 삼으셨으니
12 이는 성도를 온전하게 하여 봉사의 일을 하게 하며 그리스도의 몸을 세우려 하심
이라
13 우리가 다 하나님의 아들을 믿는 것과 아는 일에 하나가 되어 온전한 사람을 이루
어 그리스도의 장성한 분량이 충만한 데까지 이르리니
14 이는 우리가 이제부터 어린아이가 되지 아니하여 사람의 속임수와 간사한 유혹에
빠져 온갖 교훈의 풍조에 밀려 요동하지 않게 하려 함이라
15 오직 사랑 안에서 참된 것을 하여 범사에 그에게까지 자랄지라 그는 머리니 곧 그
리스도라
16 그에게서 온몸이 각 마디를 통하여 도움을 받음으로 연결되고 결합되어 각 지체
의 분량대로 역사하여 그 몸을 자라게 하며 사랑 안에서 스스로 세우느니라

1. 예수님을 알기 전과 알고 난 후를 나타내는 각각의 존재를 본문에서 찾아 동그라미 표 하고, 옮겨 적어보세요(엡 2:19).

그러므로 ○○○○ 너희는 ○○ 도 아니요 ○○○ 도 아니요

오직 ○○ 들과 동일한 ○○ 이요 ○○○ 의 ○○ 이라

2. 예수님께서 친히 모퉁잇돌이 되심으로 인해, 우리는 그의 안에서 어떻게 변화되어 가는지 본문에서 찾아 밑줄을 그어보세요(엡 2:21–22).

3. 에베소서 4:1–6에 '하나' 혹은 '한'이라는 단어가 몇 번 등장하는 지 찾아보고, 이렇게 쓴 바울의 의도가 무엇일지 자신의 의견을 적어보세요.

번 ▶

4. 그리스도 안에서 하나 된 공동체가 지속적으로 성장할 수 있는 비밀을 본문에서 찾아 올바른 문장과 연결해보세요(엡 4:14–16)

14절 •	• 사랑 안에 있음
15절 •	• 견고함
16절 •	• 그리스도 안에서 조화

교회 신문고

이곳 '교회 신문고'에서 세 사람의 말을 듣고, 옳은지 틀린지 분별해주세요.

예수님을 믿으면 꼭 교회에 다녀야 되는 거야? 나는 때때로 교회에 나가는 것이 무척 부담스러워. 특히 나를 잘 모르면서 반갑게 인사하는 선생님이나, 어색하기 짝이 없는 친구들을 볼 때 그래. 솔직히 혼자서 믿는 방법은 없을까 생각해본 적이 한두 번이 아니야.

나는 매년 열리는 중고등부 연합 체육대회에 가고 싶지 않아. 왜냐하면 다른 부서 형이나 누나를 만나는 게 불편하고, 선배인 척 거들먹거리는 게 보기 싫거든. 또 간식이나 상품을 바라고 그날만 오는 애들도 꼴보기 싫어. 어떤 학생은 경기가 진행되는 동안 화장실 뒤에 숨어서 담배를 피우기도 해. 이런저런 이유 때문에 다음부터는 우리 부서 친구들끼리만 체육대회를 했으면 좋겠어.

나는 다른 부서 학생들이 무슨 행사를 할 때마다 왜 자꾸 우리한테 도와달라고 하는지 모르겠어. 우리 부서도 나름대로 할 일이 많고 또 개인적으로 무척 바쁘다는 것을 알 텐데… 하여간, 난 그들을 돕고 싶지 않아.

03 한몸 된 지체를 사랑하는 교회

성경본문 고린도전서 12:12-27
중심구절 고린도전서 12:12

엉덩이와 얼굴이 싸웠어요

싸움의 이유는 얼굴이 엉덩이를 무시했기 때문이었죠.
엉덩이는 그만 화가 나서 응가를 하지 않기로 결심했어요.
그날부터 얼굴에는 이상한 반점과 여드름이 나기 시작했고,
급기야 온몸이 아프기 시작했어요. 결국
얼굴은 엉덩이에게 사과할 수밖에 없었답니다.

지체는 여럿 하지만 한몸

고린도전서 12:12-27

12 몸은 하나인데 많은 지체가 있고 몸의
지체가 많으나 한몸임과 같이 그리스
도도 그러하니라
13 우리가 유대인이나 헬라인이나 종이
나 자유인이나 다 한 성령으로 세례를
받아 한몸이 되었고 또 다 한 성령을
마시게 하셨느니라
14 몸은 한 지체뿐만 아니요 여럿이니
15 만일 발이 이르되 나는 손이 아니니
몸에 붙지 아니하였다 할지라도 이로
써 몸에 붙지 아니한 것이 아니요
16 또 귀가 이르되 나는 눈이 아니니 몸
에 붙지 아니하였다 할지라도 이로써
몸에 붙지 아니한 것이 아니니
17 만일 온 몸이 눈이면 듣는 곳은 어디
며 온 몸이 듣는 곳이면 냄새 맡는 곳
은 어디냐
18 그러나 이제 하나님이 그 원하시는 대
로 지체를 각각 몸에 두셨으니
19 만일 다 한 지체뿐이면 몸은 어디냐
20 이제 지체는 많으나 몸은 하나라
21 눈이 손더러 내가 너를 쓸 데가 없다
하거나 또한 머리가 발더러 내가 너를
쓸 데가 없다 하지 못하리라
22 그뿐 아니라 더 약하게 보이는 몸의
지체가 도리어 요긴하고
23 우리가 몸의 덜 귀히 여기는 그것들을
더욱 귀한 것들로 입혀 주며 우리의
아름답지 못한 지체는 더욱 아름다운
것을 얻느니라 그런즉
24 우리의 아름다운 지체는 그럴 필요
가 없느니라 오직 하나님이 몸을 고
르게 하여 부족한 지체에게 귀중함을
더하사
25 몸 가운데서 분쟁이 없고 오직 여러
지체가 서로 같이 돌보게 하셨느니라
26 만일 한 지체가 고통을 받으면 모든
지체가 함께 고통을 받고 한 지체가
영광을 얻으면 모든 지체가 함께 즐거
워하느니라
27 너희는 그리스도의 몸이요 지체의 각
부분이라

1. 교회와 그리스도의 관계를 나타낸 본문의 비유는 무엇인가요?(고전 12:12)

2. 하나님께서 각 지체에게 베푸시는 은혜의 비밀은 무엇이며, 그렇게 하시는 이유는 무엇인가요?(고전 12:22-27)

지체의 상황	지체에게 베푸시는 은혜의 비밀	이유
약하게 보이는 지체 (22절)		(27절)
덜 귀히 여기는 지체 (23절)		
아름답지 못한 지체 (23절)		
부족한 지체 (24절)		
고동받는 지체 (26절)		

3. 하나님께서 지체 된 우리에게 바라시는 것은 무엇인가요?(고전 12:25)

몸 가운데서 ○○ 이 없고 오직 ○○ ○○ 가

서로 같이 ○○○ 하셨느니라

연약한 지체 돕기 프로젝트

다 함께 둘러앉아 '아주 먼 옛날' 찬양을 부르면 서로를 축복해보세요. 찬양을 부르는 동안 아래 제시된 고민이 있는 친구들은 선생님께 지시어대로 '행동메시지'를 보내세요.

나 아픈 곳 있어
눈 찡긋

요즘 고민 있어
귀 만지기

성적 때문에
정말 힘들어
깍지끼기

친구문제로
고민이야
턱 괴기

외로워서 힘들어
머리 만지기

잘하는 게
없어서 고민이야
눈 비비기

부모님 때문에
걱정이야
머리 긁적

찬양을 마친 후, 선생님은 '행동메시지'를 고려해 고민이 있는 학생을 위해 짧게 다같이 기도하고 축복해주세요.

예 "이 시간 아픈 곳이 있는 친구를 위해 함께 기도합시다"
"부모님 때문에 고민하는 친구를 위해 함께 기도합시다"

만일 한 지체가 고통을 받으면 모든 지체가 함께 고통을 받고
한 지체가 영광을 얻으면 모든 지체가 함께 즐거워하느니라(고전 12:26).

04 예배공동체

성경본문 마태복음 18:18-20 ; 에베소서 5:15-21 ; 시편 29:1-2,11
중심구절 시편 29:2

예수님은 어느 교회로 가실까?

교회여 예배하라

마태복음 18:18-20

18 진실로 너희에게 이르노니 무엇이
든지 너희가 땅에서 매면 하늘에서
도 매일 것이요 무엇이든지 땅에서
풀면 하늘에서도 풀리리라
19 진실로 다시 너희에게 이르노니 너
희 중의 두 사람이 땅에서 합심하여
무엇이든지 구하면 하늘에 계신 내
아버지께서 그들을 위하여 이루게
하시리라
20 두세 사람이 내 이름으로 모인 곳에
는 나도 그들 중에 있느니라

에베소서 5:15-21

15 그런즉 너희가 어떻게 행할지를 자
세히 주의하여 지혜 없는 자 같이
하지 말고 오직 지혜 있는 자 같이
하여
16 세월을 아끼라 때가 악하니라
17 그러므로 어리석은 자가 되지 말고
오직 주의 뜻이 무엇인가 이해하라
18 술 취하지 말라 이는 방탕한 것이니
오직 성령으로 충만함을 받으라
19 시와 찬송과 신령한 노래들로 서로
화답하며 너희의 마음으로 주께 노
래하며 찬송하며
20 범사에 우리 주 예수 그리스도의 이
름으로 항상 아버지 하나님께 감사
하며
21 그리스도를 경외함으로 피차 복종하라

시편 29:1-2,11

1 너희 권능 있는 자들아 영광과 능력을
여호와께 돌리고 돌릴지어다
2 여호와께 그의 이름에 합당한 영광을
돌리며 거룩한 옷을 입고 여호와께
예배할지어다
11 여호와께서 자기 백성에게 힘을 주심
이여 여호와께서 자기 백성에게 평
강의 복을 주시리로다

1. 예수님의 이름으로 모인 사람들에게 주시는 축복은 무엇인가요?(마 18:19-20)

1

2

2. 바울은 에베소교회 성도들에게 어떻게 행하라고 권면했나요?(엡 5:18-21)

1
2
3
4

3. 여호와의 백성들이 해야 할 일은 무엇인가요?(시 29:1-2,11)

□□한 □을 입고 □□□께 □□ 드리는 것 → □과 □□의 □을 주심

4. 각 원 안의 행동들이 설명하고 있는 공통된 키워드는 무엇인가요?

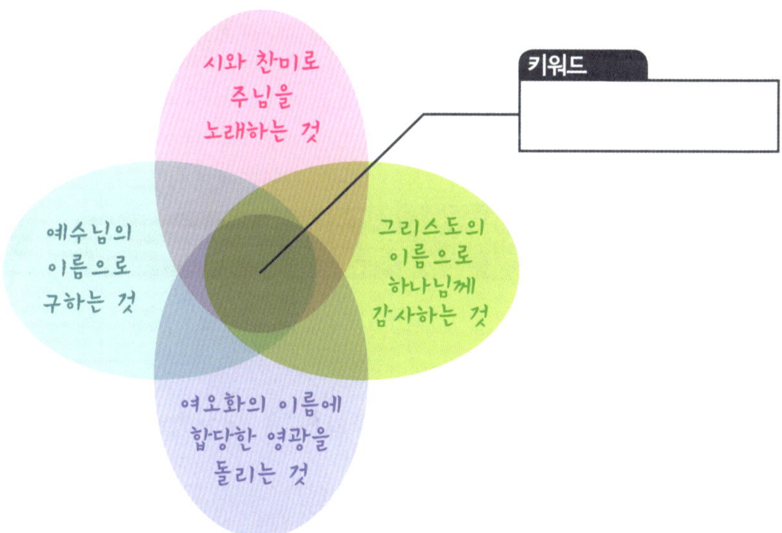

주객전도

나는 ______ 을(를) 위해서 교회에 나온다

절친사수	엄마의 명령	동아리 활동
끊임없는 심방전화	기타	안 나오면 벌 받을 것 같은 마음
청춘사업	인맥관리	마음의 평화

우리가 교회에 오는 가장 중요한 이유는 ______ 이다

이 백성은 내가 나를 위하여 지었나니 나의 찬송을 부르게 함이니라(사 43: 21).

05 품어주고 회복시키는 교회

성경본문 룻기 2:8-12, 4:9-17
중심구절 룻기 2:12

수련회 팀 나누기

한몸팀		

사랑팀		

인생 역전

룻기 2:8-12

8 보아스가 룻에게 이르되 내 딸아 들으
라 이삭을 주우러 다른 밭으로 가지 말
며 여기서 떠나지 말고 나의 소녀들과
함께 있으라
9 그들이 베는 밭을 보고 그들을 따르라
내가 그 소년들에게 명령하여 너를 건
드리지 말라 하였느니라 목이 마르거
든 그릇에 가서 소년들이 길어 온 것을
마실지니라 하는지라
10 룻이 엎드려 얼굴을 땅에 대고 절하며
그에게 이르되 나는 이방 여인이거늘
당신이 어찌하여 내게 은혜를 베푸시
며 나를 돌보시나이까 하니
11 보아스가 그에게 대답하여 이르되 네
남편이 죽은 후로 네가 시어머니에게
행한 모든 것과 네 부모와 고국을 떠나
전에 알지 못하던 백성에게로 온 일이
내게 분명히 알려졌느니라
12 여호와께서 네가 행한 일에 보답하시
기를 원하며 이스라엘의 하나님 여호
와께서 그의 날개 아래에 보호를 받으
러 온 네게 온전한 상 주시기를 원하노
라 하는지라

룻기 4:9-17

9 보아스가 장로들과 모든 백성에게 이르
되 내가 엘리멜렉과 기룐과 말론에게
있던 모든 것을 나오미의 손에서 산 일
에 너희가 오늘 증인이 되었고
10 또 말론의 아내 모압 여인 룻을 사서
나의 아내로 맞이하고 그 죽은 자의 기
업을 그의 이름으로 세워 그의 이름이
그의 형제 중과 그 곳 성문에서 끊어지
지 아니하게 함에 너희가 오늘 증인이
되었느니라 하니
11 성문에 있는 모든 백성과 장로들이 이
르되 우리가 증인이 되나니 여호와께
서 네 집에 들어가는 여인으로 이스라
엘의 집을 세운 라헬과 레아 두 사람
과 같게 하시고 네가 에브랏에서 유력
하고 베들레헴에서 유명하게 하시기를
원하며
12 여호와께서 이 젊은 여자로 말미암아
네게 상속자를 주사 네 집이 다말이 유
다에게 낳아준 베레스의 집과 같게 하
시기를 원하노라 하니라
13 이에 보아스가 룻을 맞이하여 아내로
삼고 그에게 들어갔더니 여호와께서
그에게 임신하게 하시므로 그가 아들
을 낳은지라
14 여인들이 나오미에게 이르되 찬송할지
로다 여호와께서 오늘 네게 기업 무를
자가 없게 하지 아니하셨도다 이 아이
의 이름이 이스라엘 중에 유명하게 되
기를 원하노라
15 이는 네 생명의 회복자이며 네 노년의 봉
양자라 곧 너를 사랑하며 일곱 아들보
다 귀한 네 며느리가 낳은 자로다 하니라
16 나오미가 아기를 받아 품에 품고 그의
양육자가 되니
17 그의 이웃 여인들이 그에게 이름을 지
어 주되 나오미에게 아들이 태어났다
하여 그의 이름을 오벳이라 하였는데
그는 다윗의 아버지인 이새의 아버지
였더라

1. 모압 여인인 룻은 왜 이스라엘 땅 베들레헴으로 가게 되었나요?(룻 2:11)

2. 보아스가 이방여인 룻에게 친절을 베푼 이유는 무엇인가요?(룻 2:11-12)

- 11절 :

- 12절 :

3. 보아스로 대표되는 베들레헴 공동체는 룻의 인생을 어떠한 인생에서 어떠한 인생으로 변화시키도록 격려하고 도와줬나요? (룻 4:13,17)

이방인 과부

☐☐☐ 의 아내

☐☐ 의 엄마

4. 베들레헴 주민들은 룻이 받게 된 축복에 어떻게 반응했나요?(룻 4:11-12)

나의 역할

다음 그림을 보고, 나는 어떠한 유형에 속하는지, 그리고 참된 교회의 모습을 회복하기 위해 어떤 유형의 사람이 되어야 할지도 함께 말해보세요.

현재의 역할

앞으로 변화되어야 할 역할

06 쓰다 남은 부스러기

성경본문 학개 1:1-15
중심구절 학개 1:8

지금 당신의 기분은?

상황 1.
식당에 갔는데,
잔반을 다시 그릇에 담아
상에 다시 차리는 장면을
목격하고 말았다!

상황 2.
내 용돈으로 사다 놓은
아이스크림을 언니가 먹은 걸
알고 분노하는 나에게 엄마가
내민 것은? 아빠가 먹다
남긴 아이스크림
반쪽!

상황 3.
오늘은 신나는 내 생일! 앗싸!
그동안 뿌린 게 있는데, 돌아오겠지!
기대하고 학교에 갔는데, 친구들이 뭔가 당황한
눈치다. 생일인 걸 몰랐다가 알게 되었나보다.
에이~ 괜히 기대했네, 싶은 상황에서 친구들이
포장도 안된 물건들을 선물이라고 모아왔다.
다 자기들이 쓰던 물건들이나 필요 없는
물건들, 그 중에 좋은 것은 하나도 없다.
아, 나는 그토록 선물을 사 날랐건만!
나에겐 왜 이런 일이!

우선순위

학개 1:1-15

1 다리오 왕 제이년 여섯째 달 곧 그 달
초하루에 여호와의 말씀이 선지자 학개
로 말미암아 스알디엘의 아들 유다 총
독 스룹바벨과 여호사닥의 아들 대제사
장 여호수아에게 임하니라 이르시되
2 만군의 여호와가 이같이 말하여 이르
노라 이 백성이 말하기를 여호와의 전
을 건축할 시기가 이르지 아니하였다
하느니라
3 여호와의 말씀이 선지자 학개에게 임
하여 이르시되
4 이 성전이 황폐하였거늘 너희가 이 때
에 판벽한 집에 거주하는 것이 옳으냐
5 그러므로 이제 만군의 여호와가 이같
이 말하노니 너희는 너희의 행위를 살
필지니라
6 너희가 많이 뿌릴지라도 수확이 적으
며 먹을지라도 배부르지 못하며 마실
지라도 흡족하지 못하며 입어도 따뜻
하지 못하며 일꾼이 삯을 받아도 그것
을 구멍 뚫어진 전대에 넣음이 되느니
라
7 만군의 여호와가 말하노니 너희는 자
기의 행위를 살필지니라
8 너희는 산에 올라가서 나무를 가져다
가 성전을 건축하라 그리하면 내가 그
것으로 말미암아 기뻐하고 또 영광을
얻으리라 여호와가 말하였느니라
9 너희가 많은 것을 바랐으나 도리어 적
었고 너희가 그것을 집으로 가져갔으나
내가 불어 버렸느니라 나 만군의 여호
와가 말하노라 이것이 무슨 까닭이냐 내
집은 황폐하였으되 너희는 각각 자기의
집을 짓기 위하여 빨랐음이라
10 그러므로 너희로 말미암아 하늘은 이슬
을 그쳤고 땅은 산물을 그쳤으며
11 내가 이 땅과 산과 곡물과 새 포도주와
기름과 땅의 모든 소산과 사람과 가축
과 손으로 수고하는 모든 일에 한재를
들게 하였느니라
12 스알디엘의 아들 스룹바벨과 여호사닥
의 아들 대제사장 여호수아와 남은 모
든 백성이 그들의 하나님 여호와의 목
소리와 선지자 학개의 말을 들었으니
이는 그들의 하나님 여호와께서 그를
보내셨음이라 백성이 다 여호와를 경외
하매
13 그 때에 여호와의 사자 학개가 여호와
의 위임을 받아 백성에게 말하여 이르
되 여호와가 말하노니 내가 너희와 함
께 하노라 하니라
14 여호와께서 스알디엘의 아들 유다 총
독 스룹바벨의 마음과 여호사닥의 아들
대제사장 여호수아의 마음과 남은 모든
백성의 마음을 감동시키시매 그들이 와
서 만군의 여호와 그들의 하나님의 전
공사를 하였으니
15 그 때는 다리오 왕 제이년 여섯째 달 이
십사일이었더라

주전 538년에 바사 왕 고레스가 포로들의 본국 귀환을 허락하는 조서를 내리자 총독으로 임명된 스룹바벨은 약 5만 명의 백성을 데리고 대제사장 여호수아와 함께 이스라엘로 돌아왔습니다. 그들은 가장 먼저 폐허가 된 성전터를 치우고 번제단을 세워 번제를 드렸고 다음 해 봄에 성전의 기초공사를 마무리했지만, 성전 재건의 역사는 인근 사마리아인들과 여러 부족의 집요한 방해에 부딪쳤습니다. 게다가 이스라엘이 성전을 지었을 때 정치적 결속력을 갖게 될까 우려한 고레스의 후계자인 아하수에로(스 4:6)는 성전 건축을 중단하라는 명령마저 내립니다. 더 이상 성전 건축을 계속할 수 없게 되자 백성들도 그에 대한 열심을 잃어버리고 결국 각자의 삶을 돌보는 일에만 열중하게 된 것이죠.

1. 백성들은 성전 건축 계획에 대해 어떤 생각을 가지고 있었나요?(학 1:2)

2. 이 때의 이스라엘 백성들의 집과 여호와의 성전은 각각 어떤 상태였나요?(학 1:4).

백성들의 집

여호와의 전

3. 백성들이 자기 집을 짓는 데는 열심을 내고, 하나님은 쓰다 남은 부스러기로 섬기려 했을 때 어떤 일이 일어났나요?(학 1:6–11)

4. 하나님의 말씀을 들은 백성들은 어떻게 하기로 결심했나요?(학 1:12–14)

교회의 완성

☆ 내 삶의 영역에서 하나님께 드리기 가장 어려운 것들은?(순서대로 적으세요)

돈( ) 재능( ) 시간( ) 기타 : ....( )

☆ 내가 하나님께 재물을 드리는 모습은?(하나만 고르세요)

( ) 항상 수입의 1/10을 드린다.

( ) 믿음이 좀 더 생긴 뒤에 드릴 생각이다.

( ) 내 마음에 흡족하도록 풍성하게 드린다.

( ) 좋아서 드리는 것은 아니지만, 약간은 드리는 편이다.

☆ 하나님께서 나에게 "지난 한 달 동안 내게 무엇을 얼마나 드렸냐"고 물으신다면?

( ) 자신 있게 대답할 수 있다. ( ) 솔직히 잘 모르겠다.

( ) 부끄러워질 것이다. ( ) 죄송하다고 이야기할 것이다.

아름다운 교회로 지어져가기 위해 각 분야에서 우리가 할 수 있는 일들을 구체적으로 적어보세요.

07 선교하는 공동체

성경본문 사도행전 11:19-24, 13:1-3
중심구절 사도행전 11:20-21

어떤 교회에 가고 싶나요?

두 교회 중에서 어떤 교회에 가고 싶은지 선택하고 그 이유를 나눠보세요.

㉠ 교회
"얘들아! 우리 교회 오면
맛있는 간식 많이 줄게!"

**매 주일마다
간식을 많이 주는 교회**

㉡ 교회
"얘들아! 개척교회에
간식 선물하러 가자!"

**한 달에 두 번씩
간식을 보내는 교회**

예수님께서 더 기뻐하시는 교회는?

선교받는 공동체 (사도행전 11:19-24)

19 그 때에 스데반의 일로 일어난 환난으로 말미암아 흩어진 자들이 베니게와 구브로와 안
디옥까지 이르러 유대인에게만 말씀을 전하는데
20 그 중에 구브로와 구레네 몇 사람이 안디옥에 이르러 헬라인에게도 말하여 주 예수를 전
파하니
21 주의 손이 그들과 함께 하시매 수많은 사람들이 믿고 주께 돌아오더라
22 예루살렘 교회가 이 사람들의 소문을 듣고 바나바를 안디옥까지 보내니
23 그가 이르러 하나님의 은혜를 보고 기뻐하여 모든 사람에게 굳건한 마음으로 주와 함께
머물러 있으라 권하니
24 바나바는 착한 사람이요 성령과 믿음이 충만한 사람이라 이에 큰 무리가 주께 더하여
지더라

선교하는 공동체

1. 그리스도의 복음은 어떻게 이방에까지 전파되었나요?(행 11:19-24)

2. 안디옥교회는 바나바와 사울을 파송하여 어떤 일을 하게 하였나요?(행 13:4-5)

선교하는 공동체 (사도행전 13:1-5)

1 안디옥 교회에 선지자들과 교사들이 있으니 곧 바나바와 니게르라 하는 시므온과 구레
네 사람 루기오와 분봉 왕 헤롯의 젖동생 마나엔과 및 사울이라
2 주를 섬겨 금식할 때에 성령이 이르시되 내가 불러 시키는 일을 위하여 바나바와 사
울을 따로 세우라 하시니
3 이에 금식하며 기도하고 두 사람에게 안수하여 보내니라
4 두 사람이 성령의 보내심을 받아 실루기아에 내려가 거기서 배 타고 구브로에 가서
5 살라미에 이르러 하나님의 말씀을 유대인의 여러 회당에서 전할새 요한을 수행원으로
두었더라

3. 위의 본문을 읽고 선교가 시작되고 진행된 과정을 지도에 표시해보세요.

교회의 생김새가 이상하다. 마치 깡통을 잘라놓은 모양이다. 여름에는 덥고 겨울에는 춥다. 하지만 깡통교회 성도들은 오히려 겉모습은 초라하지만 예수님은 깡통교회의 예배를 기뻐 받으신다고 확신한다. 바로 전주 안디옥교회의 이야기다.

1983년 2월 27일 개척한 전주 안디옥교회는 현재 8,000여 명의 성도가 함께 예배드리는 전주 최대의 교회로 성장하였다. 개척한 첫 해부터 선교를 시작하여 최근까지 매년 교회 재정의 70%를 선교비로 보내는 보기 드문 교회이다. 마치 초대교회 중 이방인 선교를 최초로 시작했던 '안디옥교회'를 한국에 옮겨 놓은 것처럼 '전주 안디옥교회'는 92개의 나라에 410명의 선교사를 파송하여 지원하고 있다. 또한 국내 개척교회지원, 선교단체, 고아원, 양로원 등 할 수 있는 대로 최선을 다해 선교의 지경을 확장하고 있다.

우리 교회는 선교를 (받는 / 하는) 교회입니다.

우리 (교회가 / 교회를) 돕는 곳은 ______________________ 입니다.

앞으로 우리 교회가 더 많은 선교를 감당할 수 있도록

나는 ____

____

08 뜨겁든지 차갑든지

성경본문 요한계시록 3:7-21
중심구절 요한계시록 3:21

교회가기 싫어요

신앙생활을 하면서 교회를 가기 싫었던 때는 언제였나요?

교회 가기 싫어요 BEST 3

순위	어떨때?	믿음지수
1위		0 ~ 100
2위		0 ~ 100
3위		0 ~ 100

현재 나의 믿음 지수는?

칭찬과 책망

>> 빌라델비아 교회에 보내는 예수님의 편지 (요한계시록 3:7-13) <<

7 빌라델비아 교회의 사자에게 편지하라 거룩하고 진실하사 다윗의 열쇠를 가지신 이 곧
열면 닫을 사람이 없고 닫으면 열 사람이 없는 그가 이르시되 8 볼지어다 내가 네 앞에 열
린 문을 두었으되 능히 닫을 사람이 없으리라 내가 네 행위를 아노니 네가 작은 능력을 가지
고서도 내 말을 지키며 내 이름을 배반하지 아니하였도다 9 보라 사탄의 회당 곧 자칭 유대
인이라 하나 그렇지 아니하고 거짓말 하는 자들 중에서 몇을 네게 주어 그들로 와서 네 발
앞에 절하게 하고 내가 너를 사랑하는 줄을 알게 하리라 10 네가 나의 인내의 말씀을 지
켰은즉 내가 또한 너를 지켜 시험의 때를 면하게 하리니 이는 장차 온 세상에 임하여 땅
에 거하는 자들을 시험할 때라 11 내가 속히 오리니 네가 가진 것을 굳게 잡아 아무도 네
면류관을 빼앗지 못하게 하라 12 이기는 자는 내 하나님 성전에 기둥이 되게 하리니 그가
결코 다시 나가지 아니하리라 내가 하나님의 이름과 하나님의 성 곧 하늘에서 내 하나님
께로부터 내려오는 새 예루살렘의 이름과 나의 새 이름을 그이 위에 기록하리라 13 귀 있는
자는 성령이 교회들에게 하시는 말씀을 들을지어다

1. 빌라델비아교회와 라오디게아교회에 보낸 예수님의 편지는 어떤 차이점이 있나요?

2. 빌라델비아 교회는 라오디게아 교회의 성도들과 어떻게 다른가요?(계 3:8)

3. 빌라델비아 교회 성도들이 예수님께 받은 약속 안에서 흔들리지 않는 믿음을 갖게 된 이유는 무엇인가요?(계 3:10)

>> 라오디게아 교회에 보내는 예수님의 편지 (요한계시록 3:14-21) <<

14 라오디게아 교회의 사자에게 편지하라 아멘이시요 충성되고 참된 증인이시요 하나님의
창조의 근본이신 이가 이르시되 15 내가 네 행위를 아노니 네가 차지도 아니하고 뜨겁지도 아
니하도다 네가 차든지 뜨겁든지 하기를 원하노라 16 네가 이같이 미지근하여 뜨겁지도 아니
하고 차지도 아니하니 내 입에서 너를 토하여 버리리라 17 네가 말하기를 나는 부자라 부
요하여 부족한 것이 없다 하나 네 곤고한 것과 가련한 것과 가난한 것과 눈 먼 것과 벌
거벗은 것을 알지 못하는도다 18 내가 너를 권하노니 내게서 불로 연단한 금을 사서 부요하
게 하고 흰 옷을 사서 입어 벌거벗은 수치를 보이지 않게 하고 안약을 사서 눈에 발라 보
게 하라 19 무릇 내가 사랑하는 자를 책망하여 징계하노니 그러므로 네가 열심을 내라 회
개하라 20 볼지어다 내가 문 밖에 서서 두드리노니 누구든지 내 음성을 듣고 문을 열면 내가
그에게로 들어가 그와 더불어 먹고 그는 나와 더불어 먹으리라 21 이기는 그에게는 내가 내
보좌에 함께 앉게 하여 주기를 내가 이기고 아버지 보좌에 함께 앉은 것과 같이 하리라

4. 라오디게아 교회 성도들이 뜨겁지도 않고 차갑지도 않았던 근본적인 이유는 무엇인가요?(계 3:17)

5. 인내하며 믿음을 지키는 것이 왜 중요한가요?(계 3:12,21)

6. 주님은 믿음이 연약한 자들에게 무엇이라고 말씀하셨나요?(계 3:19-20)

칭찬 성도? 책망 성도?

지금처럼 신앙생활을 계속한다면 나는 그리고 우리교회는 어떤 교회를 더 닮아갈까요?

빌라델비아 교회를 닮아가려면 나의 신앙생활에 무엇이 더 필요할까요?

Togijangi Bible study teen series

2

전도

01 주님의 부르심 • 02 나의 프로필 • 03 잃어버린 한 영혼 • 04 나만의 전도스타일

01 주님의 부르심

성경본문 이사야 6:1-8, 9:1-2;6-7
중심구절 이사야 6:8

나를 왜 부르는 걸까요?

다음 그림을 보며 주어진 상황에 맞게 말풍선을 채워봅시다.

친구가 날 부를 때

노숙자 아저씨가 날 부를 때

선생님이 나를 부를 때

경찰이 나를 부를 때

주님의 부르심

이사야 6:1-8

1 웃시야 왕이 죽던 해에 내가 본즉 주께서 높이 들린 보좌에 앉으셨는데 그의 옷
자락은 성전에 가득하였고
2 스랍들이 모시고 섰는데 각기 여섯 날개가 있어 그 둘로는 자기의 얼굴을 가리
었고 그 둘로는 자기의 발을 가리었고 그 둘로는 날며
3 서로 불러 이르되 거룩하다 거룩하다 거룩하다 만군의 여호와여 그의 영광이
온 땅에 충만하도다 하더라
4 이같이 화답하는 자의 소리로 말미암아 문지방의 터가 요동하며 성전에 연기
가 충만한지라
5 그 때에 내가 말하되 화로다 나여 망하게 되었도다 나는 입술이 부정한 사람이
요 나는 입술이 부정한 백성 중에 거주하면서 만군의 여호와이신 왕을 뵈었음
이로다 하였더라
6 그 때에 그 스랍 중의 하나가 부젓가락으로 제단에서 집은 바 핀 숯을 손에 가
지고 내게로 날아와서
7 그것을 내 입술에 대며 이르되 보라 이것이 네 입에 닿았으니 네 악이 제하여
졌고 네 죄가 사하여졌느니라 하더라

1. 웃시야 왕이 죽던 해에 하나님께서는 누구에게 나타나셨나요?

2. 하나님께서는 이사야의 악을 제하고 죄를 사하신 후, 무엇이라 말씀하셨나요? 또한 이사야는 어떻게 반응했나요?(사 6:8)

8 내가 또 주의 목소리를 들으니 주께서 이르시되 내가 누구를 보내며 누가 우리
를 위하여 갈꼬 하시니 그 때에 내가 이르되 내가 여기 있나이다 나를 보내소
서 하였더니

이사야 9:1-2,6-7

1 전에 고통 받던 자들에게는 흑암이 없으리로다 옛적에는 여호와께서 스불론 땅
과 납달리 땅이 멸시를 당하게 하셨더니 후에는 해변 길과 요단 저쪽 이방의
갈릴리를 영화롭게 하셨느니라
2 흑암에 행하던 백성이 큰 빛을 보고 사망의 그늘진 땅에 거주하던 자에게 빛이
비치도다
6 이는 한 아기가 우리에게 났고 한 아들을 우리에게 주신 바 되었는데 그의 어
깨에는 정사를 메었고 그의 이름은 기묘자라, 모사라, 전능하신 하나님이라,
영존하시는 아버지라, 평강의 왕이라 할 것임이라
7 그 정사와 평강의 더함이 무궁하며 또 다윗의 왕좌와 그의 나라에 군림하여 그
나라를 굳게 세우고 지금 이후로 영원히 정의와 공의로 그것을 보존하실 것이
라 만군의 여호와의 열심이 이를 이루시리라

3. 하나님께서는 그를 통해 무엇을 예언하게 하셨나요?(사 9:1-2, 6-7)

4. 하나님의 부르심에 이사야가 반응하기 전에, 하나님은 그에게 무엇을 행하셨나요?(사 6:5-7)

누가 나를 위해 갈까?

우리는 부르심을 받은 자들입니다. 그렇다면 학교와 가정, 교회에서 그 부르심을 어떻게 감당할 수 있을까요?

학교에서

가정에서

교회에서

내가 여기 있나이다 나를 보내소서(사 6:8).

02 나의 프로필

성경본문 마가복음 1:9-15, 2:16-17 ; 누가복음 4:14-21
마태복음 28:18-20

중심구절 누가복음 4:18-19

나의 프로필

교회 안에서 누구나 알 수 있는 한 사람을 선택하여 각 항목을 작성한 후 각자가 작성한 프로필이 누구인지 서로 맞춰보세요.

성별?

나이?

키?

몸무게?

신체적 특징?

성격?

활동지역?

하는 일?

그 밖에 특징?

마가복음 1:9-11,14-15

9 그 때에 예수께서 갈릴리 나사렛으로부
터 와서 요단 강에서 요한에게 세례를
받으시고
10 곧 물에서 올라오실새 하늘이 갈라짐과
성령이 비둘기 같이 자기에게 내려오심
을 보시더니
11 하늘로부터 소리가 나기를 너는 내 사
랑하는 아들이라 내가 너를 기뻐하노라
하시니라
14 요한이 잡힌 후 예수께서 갈릴리에 오
셔서 하나님의 복음을 전파하여
15 이르시되 때가 찼고 하나님의 나라가
가까이 왔으니 회개하고 복음을 믿으라
하시더라

마가복음 2:16-17

16 바리새인의 서기관들이 예수께서 죄인
및 세리들과 함께 잡수시는 것을 보고
그의 제자들에게 이르되 어찌하여 세리
및 죄인들과 함께 먹는가
17 예수께서 들으시고 그들에게 이르시되
건강한 자에게는 의사가 쓸 데 없고 병
든 자에게라야 쓸 데 있느니라 나는 의
인을 부르러 온 것이 아니요 죄인을 부
르러 왔노라 하시니라

누가복음 4:16-21

16 예수께서 그 자라나신 곳 나사렛에 이
르사 안식일에 늘 하시던 대로 회당에
들어가사 성경을 읽으려고 서시매
17 선지자 이사야의 글을 드리거늘 책을
펴서 이렇게 기록된 데를 찾으시니 곧
18 주의 성령이 내게 임하셨으니 이는 가
난한 자에게 복음을 전하게 하시려고
내게 기름을 부으시고 나를 보내사 포
로 된 자에게 자유를, 눈 먼 자에게 다
시 보게 함을 전파하며 눌린 자를 자유
롭게 하고
19 주의 은혜의 해를 전파하게 하려 하심
이라 하였더라
20 책을 덮어 그 맡은 자에게 주시고 앉으
시니 회당에 있는 자들이 다 주목하여
보더라
21 이에 예수께서 그들에게 말씀하시되 이
글이 오늘 너희 귀에 응하였느니라 하
시니

마태복음 28:18-20

18 예수께서 나아와 말씀하여 이르시되 하
늘과 땅의 모든 권세를 내게 주셨으니
19 그러므로 너희는 가서 모든 민족을 제
자로 삼아 아버지와 아들과 성령의 이
름으로 세례를 베풀고
20 내가 너희에게 분부한 모든 것을 가르
쳐 지키게 하라 볼지어다 내가 세상 끝
날까지 너희와 항상 함께 있으리라 하
시니라

1. 하나님은 예수님을 누구라고 말씀하셨나요?(막 1:11)

2. 예수님은 어떤 사람들을 부르시기 위해 이 땅에 오셨나요?(막 2:17)

나는 ○○ 을 부르러 온 것이 아니요

○○ 을 부르러 왔노라

3. 예수님은 이 땅에서 어떤 일을 하실 것이라고 예언되었나요?(눅 4:18-19)

"주의 성령이 내게 임하셨으니 이는 ____________________
____________________ 내게 기름을 부으시고 나를 보내사
____________________, ____________________을 전파
하며 ________________ 하고 ________________를 전
파하게 하려 하심이라."

4. 예수님이 승천하시기 전에 제자들에게 무엇을 명령하셨나요?(마 28:19-20)

예수님 안에서의 나의 프로필

나는 한 가족의 ____ 이다.
가정에서 내가 하는 역할은 ____

나는 ____ 학교의 ____ 이다.
____ 으로서 내가 해야 하는 일은 ____

나는 예수님의 ____ 이다.
예수님의 ____ 로서 내가 해야 할 일은 ____

1위 위 세 가지 중 가장 중요하다고 생각되는 나의 프로필은?

그 이유는?

예수께서 나아와 말씀하여 이르시되 하늘과 땅의 모든 권세를 내게 주셨으니 그러므로 너희는 가서 모든 민족을 제자로 삼아 아버지와 아들과 성령의 이름으로 세례를 베풀고 20 내가 너희에게 분부한 모든 것을 가르쳐 지키게 하라 볼지어다 내가 세상 끝날까지 너희와 항상 함께 있으리라 하시니라(마 28:18-20)

03 잃어버린 한 영혼

성경본문 누가복음 15:1-10
중심구절 누가복음 15:7

아, 어디 있는 거야!

토리가 방에서 무엇인가를 잃어버린 것 같군요! 과연 토리가 잃어버린 것은 무엇일까요?

예수님께서 찾으시는 것

누가복음 15:1-3,7

1 모든 세리와 죄인들이 말씀을 들으러 가까이 나아오니
2 바리새인과 서기관들이 수군거려 이르되 이 사람이 죄인을 영접하
고 음식을 같이 먹는다 하더라
3 예수께서 그들에게 이 비유로 이르시되

가

집에 와서 그 벗과 이웃을 불러
모으고 말하되 나와 함께 즐기자
나의 잃은 양을 찾아내었노라

나

또 찾아낸 즉 즐거워 어깨에 메고

다

그 중의 하나를 잃으면 아흔아홉 마리를
들에 두고 그 잃은 것을 찾아내기까지
찾아다니지 아니하겠느냐

라

너희 중에 어떤 사람이
양 백 마리가 있는데

7 내가 너희에게 이르노니 이와 같이 죄인 한 사람이 회개하면 하늘에
서는 회개할 것 없는 의인 아흔아홉으로 말미암아 기뻐하는 것보다
더하리라

1. 본문 속 그림의 순서를 알맞게 배열하여 예수님의 비유를 완성해보세요.

2. 잃어버린 양을 찾은 이야기는 무엇을 의미하는 것일까요?

누가복음 15:8-10

8 어떤 여자가 열 드라크마가 있는데 하나를 잃으면 등불을 켜고 집을
쓸며 찾아내기까지 부지런히 찾지 아니하겠느냐
9 또 찾아낸즉 벗과 이웃을 불러 모으고 말하되 나와 함께 즐기자 잃
은 드라크마를 찾아내었노라 하리라
10 내가 너희에게 이르노니 이와 같이 죄인 한 사람이 회개하면 하나
님의 사자들 앞에 기쁨이 되느니라

3. 이 여자가 잃어버린 한 드라크마를 부지런히 찾은 까닭은 무엇일까요?

☐ 

하루 일당이니까

☐ 

가문의 보물이니까

☐ 
예비신랑이 준 결혼예물이니까

☐ 

전 재산이니까

4. 두 비유를 볼 때, 예수님께서 매우 소중하게 생각하시는 것은 무엇일까요?

나의 잃어버린 드라크마

예수님과 함께 잃어버린 드라크마를 찾고 하나님 나라의 기쁨을 회복합시다! 우리 주위에 예수님께서 찾고 계시는 '잃어버린 드라크마'는 누구일까요? 다음 칸에 이름을 적고 선생님, 친구들과 함께 그 영혼을 위해 간절히 기도해보세요.

나의 잃어버린 드라크마는?

예수님! ______________ 을(를) 위해 기도합니다. 예수님께서 찾고 계신 ______________ 가 예수님을 믿고 예수님께로 돌아올 수 있도록 도와주세요.

저도 ______________ 이(가) 예수님을 믿을 수 있도록 열심히 노력하겠습니다.

제가 ______________ 을(를) 잘 전도할 수 있도록 지혜와 용기와 힘을 주세요.

저의 기도를 들어주셔서 감사합니다.

______________ 와(과) 저를 사랑해주시는 예수님의 이름으로 기도합니다. 아멘

04 나만의 전도스타일

성경본문 마태복음 28:1-10
중심구절 마태복음 28:9-10

가장 좋은 것?

당신은 전도하는 사람을 만나면 어떤 감정을 느끼나요? 다음 중 가장 적당한 전도방법이라고 생각되는 그림을 선택하고 그 이유를 이야기해 보세요.

A. 노방전도
길거리, 버스, 지하철에서 불특정다수를 대상으로 예수님을 믿으라고 외치는 방법

B. 협박전도
겁을 주거나 협박하여 교회에 데려오는 방법

C. 생활전도
각종 봉사활동을 통해 행동으로 복음을 전하는 방법

D. 관계전도
친구에게 예수님을 소개하고 교회에 초대하는 방법

부활의 증인

마태복음 28:1-10

1 안식일이 다 지나고 안식 후 첫날이 되려는 새벽에 막달라 마리아와 다른 마
리아가 무덤을 보려고 갔더니 **2** 큰 지진이 나며 주의 천사가 하늘로부터 내려와
돌을 굴려 내고 그 위에 앉았는데 **3** 그 형상이 번개 같고 그 옷은 눈 같이 희거
늘 **4** 지키던 자들이 그를 무서워하여 떨며 죽은 사람과 같이 되었더라 **5** 천사가
여자들에게 말하여 이르되 너희는 무서워하지 말라 십자가에 못 박히신 예수를
너희가 찾는 줄을 내가 아노라 **6** 그가 여기 계시지 않고 그가 말씀 하시던 대로
살아나셨느니라 와서 그가 누우셨던 곳을 보라 **7** 또 빨리 가서 그의 제자들에게
이르되 그가 죽은 자 가운데서 살아나셨고 너희보다 먼저 갈릴리로 가시나니 거
기서 너희가 뵈오리라 하라 보라 내가 너희에게 일렀느니라 하거늘 **8** 그 여자들
이 무서움과 큰 기쁨으로 빨리 무덤을 떠나 제자들에게 알리려고 달음질할새 **9**
예수께서 그들을 만나 이르시되 평안하냐 하시거늘 여자들이 나아가 그 발을 붙
잡고 경배하니 **10** 이에 예수께서 이르시되 무서워하지 말라 가서 내 형제들에게
갈릴리로 가라 하라 거기서 나를 보리라 하시니라

1. 막달라 마리아와 다른 마리아가 예수님께서 부활하셨음을 자신 있게 말할 수 있었던 이유는 무엇일까요?

☐☐☐ 이 ☐☐☐☐☐ 는

소식을 천사로부터 듣고(6절)

☐ 가 ☐☐☐☐

곳을 보고(6절)

☐☐☐ 을 만나고(9절)

☐☐☐ 에게 ☐☐☐ 로 ☐☐

고 하라는 명령을 받았습니다(10절)

2. 막달라 마리아와 다른 마리아는 예수님의 부활을 확인한 후 어떻게 하였나요?

3. 부활의 증인이 된다는 것은 어떤 의미인지 보기에서 알맞은 단어를 선택하여 문장을 완성해보세요.

내가 ＿＿＿＿ 을 모든 ＿＿＿＿ 에게 전하는 것입니다

보기

아빠, 천사들, 엄마, 공룡들, 언니, 사랑하는, 물고기들, 선생님, 존경하는, 목사님, 외계인들, 아이돌, 유령들, 사람들, 사나이, 자동차들

4. 부활의 증인으로서 우리는 사람들에게 무엇을 전해야 할까요?

살아 계신 하나님의 아들 ＿＿＿ 께서 우리의 ＿ 를 용서해 주시기 위해 이 땅에 오셨고 ＿＿＿ 에 달려 ＿＿＿ 으로 우리의 죄를 담당하셨다. 그리고 죽은지 ＿ 일 만에 죽음을 이기시고 ＿＿ 하셨다. 누구든지 ＿＿＿ 을 ＿＿ 면 죄의 형벌을 받지 않고 ＿＿ 을 받으며 하나님의 자녀가 된다.

나만의 전도스타일

나를 구원하신 예수님을 언제, 어디서, 누구에게 어떻게 전하면 좋을지 계획을 세워보고 실천으로 옮겨보세요.

너는 말씀을 전파하라 때를 얻든지 못 얻든지 항상 힘쓰라(딤후 4:2)

Togijangi Bible Study teen series

3

대림절과 크리스마스 Ⅲ

01 공의의 빛 · **02** 기이한 빛 · **03** 세상의 빛 ·
04 성탄예배 : 빛의 축제

01 공의의 빛

성경본문 말라기 4:1-6
중심구절 말라기 4:2

지금 필요한 것은?

여기 배 한 척이 폭풍우를 만나고 말았네요. 뭍으로 향하는 방향을 알 수도 없고, 설상가상으로 생존에 필요한 물품마저 충분치 않은 상태입니다. 지금 이들에게 가장 필요한 것은 무엇일까요?

공의로운 해, 치료의 광선이신 예수님

1. 용광로 불 같은 날은 어떤 날을 말하는 것일까요?(말 4:1)

① 하나님께서 악을 심판하시는 날

② 지구 온난화로 지구가 더워지는 날

③ 폭염이 기승을 부리는 날

④ 화산이 폭발하는 날

2. 용광로 불과 같은 날에 지푸라기 같이 여겨지고 뿌리와 가지가 남김없이 사라지게 될 사람들은 누구인가요?(말 4:1)

3. '공의로운 해'와 '치료하는 광선'은 누구를 상징하는 것인가요?(말 4:2)

말라기 4:1-6

1 만군의 여호와가 이르노라 보라 용광로 불 같은 날이 이르리니 교만한 자와 악을 행하는 자는 다 지푸라기 같을 것이라 그 이르는 날에 그들을 살라 그 뿌리와 가지를 남기지 아니할 것이로되

2 내 이름을 경외하는 너희에게는 공의로운 해가 떠올라서 치료하는 광선을 비추리니 너희가 나가서 외양간에서 나온 송아지 같이 뛰리라

3 또 너희가 악인을 밟을 것이니 그들이 내가 정한 날에 너희 발바닥 밑에 재와 같으리라 만군의 여호와의 말이니라

4 너희는 내가 호렙에서 온 이스라엘을 위하여 내 종 모세에게 명령한 법 곧 율례와 법도를 기억하라

5 보라 여호와의 크고 두려운 날이 이르기 전에 내가 선지자 엘리야를 너희에게 보내리니

6 그가 아버지의 마음을 자녀에게로 돌이키게 하고 자녀들의 마음을 그들의 아버지에게로 돌이키게 하리라 돌이키지 아니하면 두렵건대 내가 와서 저주로 그 땅을 칠까 하노라 하시니라

4. 여호와의 크고 두려운 날이 이르기 전에 우리는 어떻게 해야 한다고 말하고 있나요?(말 4:6)

두 가지 선택

공의의 빛이 비추일 때 당신은 어떤 선택을 할 건가요? 그 선택의 결과를 적어 보세요.

02 기이한 빛

성경본문 베드로전서 2:1-9
중심구절 베드로전서 2:9

비밀

다음 대화를 보고, 두 사람의 직업이나 하는 일을 유추해보세요. 왜 이들이 자신들의 신분을 감추고 궁 밖으로 나왔는지도 추측해보세요.

기이한 빛에 들어가게 하신 이유

베드로전서 2:1-10

1 그러므로 모든 악독과 모든 기만과 외식과 시기와 모든 비방하는 말을 버리고
2 갓난 아기들 같이 순전하고 신령한 젖을 사모하라 이는 그로 말미암아 너희로
구원에 이르도록 자라게 하려 함이라
3 너희가 주의 인자하심을 맛보았으면 그리하라
4 사람에게는 버린 바가 되었으나 하나님께는 택하심을 입은 보배로운 산 돌이
신 예수께 나아가
5 너희도 산 돌 같이 신령한 집으로 세워지고 예수 그리스도로 말미암아 하나님
이 기쁘게 받으실 신령한 제사를 드릴 거룩한 제사장이 될지니라
6 성경에 기록되었으되 보라 내가 택한 보배로운 모퉁잇돌을 시온에 두노니 그

1. 베드로는 예수님을 어떻게 비유하고 있나요?(벧전 2:6-8)

	믿는 자들	믿지 않는 자들
비유한 사물	(4절) (6절)	(7절) (8절)

2. 다음은 베드로전서 2:9절의 NIV성경 버전입니다. '기이한 빛'에 해당하는 영어 단어를 찾아 밑줄을 그어보고 어떤 의미를 지니는지 말해보세요.

> 9 But you are a chosen people, a royal priesthood, a holy nation, a people belonging to God, that you may declare the praises of him who called you out of darkness into his wonderful light.

의미: ....

를 믿는 자는 부끄러움을 당하지 아니하리라 하였으니
7 그러므로 믿는 너희에게는 보배이나 믿지 아니하는 자에게는 건축자들이 버린
그 돌이 모퉁이의 머릿돌이 되고
8 또한 부딪치는 돌과 걸려 넘어지게 하는 바위가 되었다 하였느니라 그들이 말
씀을 순종하지 아니하므로 넘어지나니 이는 그들을 이렇게 정하신 것이라
9 그러나 너희는 택하신 족속이요 왕 같은 제사장들이요 거룩한 나라요 그의 소
유가 된 백성이니 이는 너희를 어두운 데서 불러 내어 그의 기이한 빛에 들어
가게 하신 이의 아름다운 덕을 선포하게 하려 하심이라
10 너희가 전에는 백성이 아니더니 이제는 하나님의 백성이요 전에는 긍휼을 얻
지 못하였더니 이제는 긍휼을 얻은 자니라

3. 예수님이 우리를 기이한 빛에 들어가게 하신 이유는 무엇인가요?(벧전 2:9-10)

① ....

② ....

4. 기이한 빛이 비추기 이전과 이후 우리의 신분에 맞는 것을 연결해보세요.

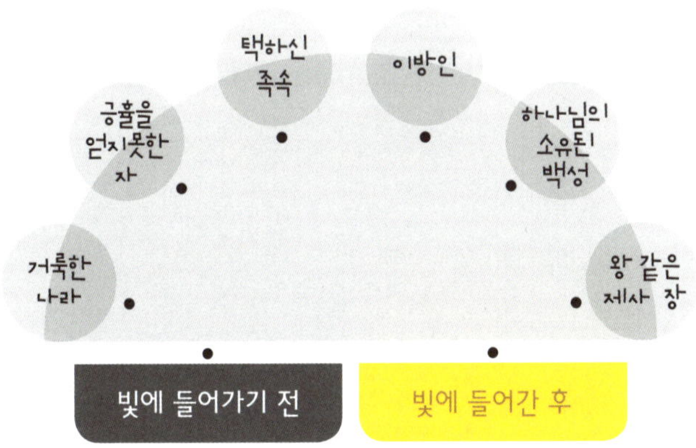

기이한 빛, 놀라운 변화

'기이한 빛'이신 예수님을 만난 베드로의 인생은 완전히 변화되었습니다. 그렇다면 예수님을 만난 당신에게 일어난 변화는 무엇인가요?

03 세상의 빛

성경본문 요한복음 9:1-7, 8:12
중심구절 요한복음 8:12

담력 훈련

지도 한 장과 랜턴만 들고 캄캄한 밤길을 완주하는 담력 훈련을 해본 적 있나요? 어떤 체험이었는지 말해보고 체험을 통해 느꼈던 감정을 나눠보세요.

세상의 빛, 생명의 빛

요한복음9:1-7

1 예수께서 길을 가실 때에 날 때
부터 맹인 된 사람을 보신지라
2 제자들이 물어 이르되 랍비여
이 사람이 맹인으로 난 것이
누구의 죄로 인함이니이까 자
기니이까 그의 부모니이까
3 예수께서 대답하시되 이 사람
이나 그 부모의 죄로 인한 것
이 아니라 그에게서 하나님이
하시는 일을 나타내고자 하심
이라
4 때가 아직 낮이매 나를 보내신
이의 일을 우리가 하여야 하리
라 밤이 오리니 그 때는 아무
도 일할 수 없느니라
5 내가 세상에 있는 동안에는 세
상의 빛이로라
6 이 말씀을 하시고 땅에 침을 뱉
어 진흙을 이겨 그의 눈에 바
르시고
7 이르시되 실로암 못에 가서 씻
으라 하시니 (실로암은 번역하
면 보냄을 받았다는 뜻이라)
이에 가서 씻고 밝은 눈으로
왔더라

요한복음 8:12

12 예수께서 또 말씀하여 이르시
되 나는 세상의 빛이니 나를
따르는 자는 어둠에 다니지 아
니하고 생명의 빛을 얻으리라

1. 맹인은 누구의 죄로 인해 날 때부터 맹인이 되었나요?(요 9:3)

2. 왜 예수님께서는 맹인에게 침을 뱉어 이긴 진흙을 바르시고 실로암이라는 못으로 보내셨을까요?

① 예수님의 침에 치료의 성분이 있어서

② 진흙에 치료의 성분이 있어서

③ 실로암 물에는 신비한 힘이 흘러서

④ 그가 예수님의 말씀에 순종하는가 보시려고

3. 실로암에서 치료받은 맹인의 삶은 어떻게 변화되었나요?

4. 우리가 '세상의 빛'되신 예수님을 만나면 무엇을 얻게 되나요?(요 8:12)

어둠을 내쫓는 투사들

당신은 '어둠을 내쫓는 투사들'이라는 특별 단체의 단원입니다. 지금부터 당신의 단체에 맡겨진 다음 두 개의 임무를 완수해보세요.

미션 1. 새롭게 조성된 공원의 우범 지대를 없애기 위해서 모든 어둠을 제거하시오.

예) 1,000명의 알바생을 고용하여 공원에서 랜턴을 비추고 있게 한다

1.

2.

3.

미션 2. 세상으로부터 모든 어둠(악)을 제거하시오.

예) 왕따 당하는 친구를 도와준다

1.

2.

3.

04 성탄예배 : 빛의 축제

성경본문 요한복음 1:9-14 ; 요한 1서 1:5-7
중심구절 요한복음 1:9

개기일식

개기일식처럼 태양이 가려져 세상에 빛이 없어진다면 어떤 일이 일어날지 말해보세요.

세상에 와서 각 사람에게 비추는 빛

요한복음 1:9-14

9 참 빛 곧 세상에 와서 각 사람에게 비추는 빛이 있었나니
10 그가 세상에 계셨으며 세상은 그로 말미암아 지은 바 되었으되 세상이 그를
알지 못하였고
11 자기 땅에 오매 자기 백성이 영접하지 아니하였으나
12 영접하는 자 곧 그 이름을 믿는 자들에게는 하나님의 자녀가 되는 권세를 주
셨으니
13 이는 혈통으로나 육정으로나 사람의 뜻으로 나지 아니하고 오직 하나님께로
부터 난 자들이니라
14 말씀이 육신이 되어 우리 가운데 거하시매 우리가 그의 영광을 보니 아버지의
독생자의 영광이요 은혜와 진리가 충만하더라

요한일서 1:5-7

5 우리가 그에게서 듣고 너희에게 전하는 소식은 이것이니 곧 하나님은 빛이시
라 그에게는 어둠이 조금도 없으시다는 것이니라
6 만일 우리가 하나님과 사귐이 있다 하고 어둠에 행하면 거짓말을 하고 진리를
행하지 아니함이거니와
7 그가 빛 가운데 계신 것 같이 우리도 빛 가운데 행하면 우리가 서로 사귐이 있
고 그 아들 예수의 피가 우리를 모든 죄에서 깨끗하게 하실 것이요

1. 요한복음 1:9에서 참 빛은 누구이며, 그 뜻은 무엇인가요?(요일 1:5 참고)

참빛 → 뜻

2. 요한복음은 마태, 마가, 누가복음의 성탄절 사건 대신 다른 방식으로 예수님의 탄생을 표현하고 있습니다. 요한복음의 성탄절에는 어떤 일이 일어났나요?(요 1:9)

3. 영접하는 자, 곧 그 이름을 믿는 자들에게는 어떠한 권세를 주셨나요?(요 1:12)

4. 요한복음 1:9-14절에 나타난 예수님을 지칭하는 단어들을 찾아보세요.

5. 예수님을 통해 빛의 자녀가 된 우리들이 해야 할 일은 무엇이며, 그 의미는 무엇인가요?(요일 1:7)

빛을 들고 세상으로

우리 영혼에 주가 주신 꺼지지 않는 빛이 있네
오직 주님께 우릴 드릴 때 그 빛을 밝혀 주시리라
이제 일어나 소망이 없는 어둔 세상에 나아가라
네 빛 비춰라 모두 알도록
빛을 들고 세상으로 빛을 들고 세상으로

절망에 빠진 형제의 맘에 꺼져만 가는 빛을 보네
주님을 떠나 방황하는 자매도 그 빛의 생명 잃어가네
이제 일어나 어둠 속에서 고통받는 자 일으키라
네 빛 비춰라 모두 알도록
빛을 들고 세상으로 빛을 들고 세상으로

우리 맘속에 밝게 빛나는 주를 향한 사랑 빛이 있네
그 빛 모아 주께 기도드릴 때에 응답하시리 신실하게
이제 일어나 연약한 자들 그들의 아픔 감싸주라
네 빛 비춰라 모두 알도록 빛을 들고 세상으로

이제 일어나 소망이 없는 어둔 세상에 나아가라
네 빛 비춰라 모두 알도록
빛을 들고 세상으로 빛을 들고 세상으로
빛을 비춰라

날마다 말씀먹기

창세기	1	2	3	4	5	6	7	8	9	10	11	12	13	14	15	16	17	18	19	20	21	22	23	24	25
	26	27	28	29	30	31	32	33	34	35	36	37	38	39	40	41	42	43	44	45	46	47	48	49	50
출애굽기	1	2	3	4	5	6	7	8	9	10	11	12	13	14	15	16	17	18	19	20	21	22	23	24	25
	26	27	28	29	30	31	32	33	34	35	36	37	38	39	40										
레위기	1	2	3	4	5	6	7	8	9	10	11	12	13	14	15	16	17	18	19	20	21	22	23	24	25
	26	27																							
민수기	1	2	3	4	5	6	7	8	9	10	11	12	13	14	15	16	17	18	19	20	21	22	23	24	25
	26	27	28	29	30	31	32	33	34	35	36														
신명기	1	2	3	4	5	6	7	8	9	10	11	12	13	14	15	16	17	18	19	20	21	22	23	24	25
	26	27	28	29	30	31	32	33	34																
여호수아	1	2	3	4	5	6	7	8	9	10	11	12	13	14	15	16	17	18	19	20	21	22	23	24	
사사기	1	2	3	4	5	6	7	8	9	10	11	12	13	14	15	16	17	18	19	20	21				
룻기	1	2	3	4																					
사무엘상	1	2	3	4	5	6	7	8	9	10	11	12	13	14	15	16	17	18	19	20	21	22	23	24	25
	26	27	28	29	30	31																			
사무엘하	1	2	3	4	5	6	7	8	9	10	11	12	13	14	15	16	17	18	19	20	21	22	23	24	
열왕기상	1	2	3	4	5	6	7	8	9	10	11	12	13	14	15	16	17	18	19	20	21	22			
열왕기하	1	2	3	4	5	6	7	8	9	10	11	12	13	14	15	16	17	18	19	20	21	22	23	24	25
역대상	1	2	3	4	5	6	7	8	9	10	11	12	13	14	15	16	17	18	19	20	21	22	23	24	25
	26	27	28	29																					
역대하	1	2	3	4	5	6	7	8	9	10	11	12	13	14	15	16	17	18	19	20	21	22	23	24	25
	26	27	28	29	30	31	32	33	34	35	36														
에스라	1	2	3	4	5	6	7	8	9	10															
느헤미야	1	2	3	4	5	6	7	8	9	10	11	12	13												
에스더	1	2	3	4	5	6	7	8	9	10															
욥기	1	2	3	4	5	6	7	8	9	10	11	12	13	14	15	16	17	18	19	20	21	22	23	24	25
	26	27	28	29	30	31	32	33	34	35	36	37	38	39	40	41	42								
시편	1	2	3	4	5	6	7	8	9	10	11	12	13	14	15	16	17	18	19	20	21	22	23	24	25
	26	27	28	29	30	31	32	33	34	35	36	37	38	39	40	41	42	43	44	45	46	47	48	49	50
	51	52	53	54	55	56	57	58	59	60	61	62	63	64	65	66	67	68	69	70	71	72	73	74	75
	76	77	78	79	80	81	82	83	84	85	86	87	88	89	90	91	92	93	94	95	96	97	98	99	100
	101	102	103	104	105	106	107	108	109	110	111	112	113	114	115	116	117	118	119	120	121	122	123	124	125
	126	127	128	129	130	131	132	133	134	135	136	137	138	139	140	141	142	143	144	145	146	147	148	149	150
잠언	1	2	3	4	5	6	7	8	9	10	11	12	13	14	15	16	17	18	19	20	21	22	23	24	25
	26	27	28	29	30	31																			
전도서	1	2	3	4	5	6	7	8	9	10	11	12													
아가	1	2	3	4	5	6	7	8																	
이사야	1	2	3	4	5	6	7	8	9	10	11	12	13	14	15	16	17	18	19	20	21	22	23	24	25
	26	27	28	29	30	31	32	33	34	35	36	37	38	39	40	41	42	43	44	45	46	47	48	49	50
	51	52	53	54	55	56	57	58	59	60	61	62	63	64	65	66									
예레미야	1	2	3	4	5	6	7	8	9	10	11	12	13	14	15	16	17	18	19	20	21	22	23	24	25
	26	27	28	29	30	31	32	33	34	35	36	37	38	39	40	41	42	43	44	45	46	47	48	49	50
	51	52																							
예레미야애가	1	2	3	4	5																				
에스겔	1	2	3	4	5	6	7	8	9	10	11	12	13	14	15	16	17	18	19	20	21	22	23	24	25
	26	27	28	29	30	31	32	33	34	35	36	37	38	39	40	41	42	43	44	45	46	47	48		

다 니 엘	1	2	3	4	5	6	7	8	9	10	11	12													
호 세 아	1	2	3	4	5	6	7	8	9	10	11	12	13	14											
요 엘	1	2	3																						
아 모 스	1	2	3	4	5	6	7	8	9																
오 바 댜	1																								
요 나	1	2	3	4																					
미 가	1	2	3	4	5	6	7																		
나 훔	1	2	3																						
하 박 국	1	2	3																						
스 바 냐	1	2	3																						
학 개	1	2																							
스 가 랴	1	2	3	4	5	6	7	8	9	10	11	12	13	14											
말 라 기	1	2	3	4																					

마태복음	1	2	3	4	5	6	7	8	9	10	11	12	13	14	15	16	17	18	19	20	21	22	23	24	25
	26	27	28																						
마가복음	1	2	3	4	5	6	7	8	9	10	11	12	13	14	15	16									
누가복음	1	2	3	4	5	6	7	8	9	10	11	12	13	14	15	16	17	18	19	20	21	22	23	24	
요한복음	1	2	3	4	5	6	7	8	9	10	11	12	13	14	15	16	17	18	19	20	21				
사도행전	1	2	3	4	5	6	7	8	9	10	11	12	13	14	15	16	17	18	19	20	21	22	23	24	25
	26	27	28																						
로 마 서	1	2	3	4	5	6	7	8	9	10	11	12	13	14	15	16									
고린도전서	1	2	3	4	5	6	7	8	9	10	11	12	13	14	15	16									
고린도후서	1	2	3	4	5	6	7	8	9	10	11	12	13												
갈라디아서	1	2	3	4	5	6																			
에 베 소 서	1	2	3	4	5	6																			
빌 립 보 서	1	2	3	4																					
골 로 새 서	1	2	3	4																					
데살로니가전서	1	2	3	4	5																				
데살로니가후서	1	2	3																						
디모데전서	1	2	3	4	5	6																			
디모데후서	1	2	3	4																					
디 도 서	1	2	3																						
빌 레 몬 서	1																								
히 브 리 서	1	2	3	4	5	6	7	8	9	10	11	12	13												
야 고 보 서	1	2	3	4	5																				
베드로전서	1	2	3	4	5																				
베드로후서	1	2	3																						
요 한 일 서	1	2	3	4	5																				
요 한 이 서	1																								
요 한 삼 서	1																								
유 다 서	1																								
요한계시록	1	2	3	4	5	6	7	8	9	10	11	12	13	14	15	16	17	18	19	20	21	22			

토틴만의 특별한 커리큘럼

◆ 전체 구성

제목		내용
새 친구를 위한 복음의 핵심		교회에 처음 나온 새 친구들을 위한 교재로 신앙의 기초를 든든히 다지는 내용입니다.
신구약을 꿰뚫는 한눈에 보는 성경		신구약 파노라마로 구약은 시대와 등장인물을, 신약은 예수님과 초대교회를 중심으로 한 내용입니다.
1권 (1–4월)	하나님 안에서의 나의 신분	하나님 안에서 나를 발견하고 새롭게 변화되기, 그리고 사순절과 부활절에 대해 배웁니다.
2권 (5–8월)	거듭남, 그 이후	성경의 인물들과 예수님의 비유를 통해 거듭난 자로서 어떻게 살아가야 하는지에 대해 배웁니다.
3권 (9–12월)	비유로 배우는 하나님 나라	비유를 통해 하나님 나라를 배우고 소망하는 삶, 청소년들의 고민과 올바른 세계관 확립, 성탄절의 참 의미를 회복하는 내용으로 구성됩니다.
4권 (1–4월)	나는 예배자	예배가 무엇이며 예배자로 부름받은 나에 대해 배우고, 요한복음을 중심으로 한 사순절과 부활 절기를 다룹니다.
5권 (5–8월)	그리스도인의 관계형성	가정과 친구관계에서 그리스도인으로서의 정체성을 가지며, 성경 속 믿음의 인물들에 대해 배우고 나의 삶에 적용해봅니다.
6권 (9–12월)	어려운 질문	그리스도인으로 갖게 되는 어려운 질문들을 함께 생각해보고, 후반부에는 대림절과 크리스마스를 위한 내용을 배웁니다.
7권 (1–4월)	하나님과 친밀함 누리기	일상생활에서 하나님과 친밀함을 누리는 영적 훈련에 대해 배우며, 약속을 성취하시는 예수님을 중심으로 사순절과 부활절의 의미를 배웁니다.
8권 (5–8월)	여호와의 리더십학교	온전한 크리스천 리더십으로 성장하기 위해 우리 마음을 아름답게 가꾸는 내용과 성경 속 다양한 리더십에 대해 배웁니다.
9권 (9–12월)	성숙한 교회 공동체	성경 속 다양한 교회 공동체에 대해 배우며 '빛'을 주제로 한 대림절과 성탄절, 그리고 영혼을 사랑하는 복음 전도에 대해 배웁니다.

◆ 기초튼튼 과정

새 친구를 위한 복음의 핵심

- 창조, 하나님이 하신 일
- 죄, 하나님을 슬프게 하는 일
- 예수님, 우리를 위한 선물
- 거듭남, 변화된 삶을 향해
- 성령, 도우시는 하나님
- 성경, 살아있는 생명의 말씀
- 교회, 예수님의 몸
- 예배, 하나님을 기쁘시게

신구약을 꿰뚫는 한눈에 보는 성경

구약이야기
- 창조와 타락 최초의 사람들
- 족장시대 약속을 받은 사람들
- 모세와 출애굽 약속의 땅을 향해
- 가나안 정복 젖과 꿀이 흐르는 땅
- 사사시대 시련과 실수
- 통일왕국시대 세 왕 이야기
- 분열왕국시대 하나님을 떠난 이스라엘
- 바벨론 유수와 포로 귀환 다시 세우는 이스라엘

신약이야기
- 예수님의 세 가지 사역
- 십자가와 부활, 승천
- 초대교회의 탄생
- 박해받는 초대교회
- 교회의 부흥과 베드로의 사역
- 안디옥 교회와 최초의 선교사
- 바울의 전도여행
- 로마로 향하는 바울

◆ 1권-3권

1권 하나님 안에서의 나의 신분

하나님 안에서의 나의 신분
- 나를 지으신 주님
- 사랑받는 나
- 나는 부족하더라도
- 하나님 아버지의 마음
- 나는 주님의 기쁨
- 축복의 통로
- 나는 주님의 성전
- 주의 전신갑주를 입고

사순절과 기쁨의 50일 -
- 아들을 보내신 하나님
- 사람으로 오신 예수님
- 죄인의 친구
- 선한 목자
- 십자가를 지심
- 살아나신 그리스도
- 마라나타
- 성령의 열매

2권 거듭남 그 이후

거듭남의 비밀
- 집중분석, 죄
- 진정한 회개
- 위대한 용서
- 하나님의 무한사랑
- 거듭남1. 제2의 인생
- 거듭남2. 거듭남의 축복
- 거듭남3. 성장의 비밀
- 거듭남4. 구원의 확신

그리스도인의 삶
- 예수님을 만난 후
- 주님만 높이는 삶
- 진정한 기쁨이란
- 서로 사랑하기
- 남을 향한 손가락
- 가장 어려운 일, 용서
- 선한 영향력을 미치는 삶
- 하늘에 속한 그리스도인

3권 비유로 배우는 하나님 나라

비유로 배우는 하나님 나라
- 소금과 빛
- 반석 위에 지은 집
- 선한 사마리아인
- 결실을 맺는 땅
- 포도원 품꾼
- 열 처녀 이야기
- 달란트 비유
- 양과 염소의 비유

청소년의 삶과 고민
- 스타에 열광하는 당신
- 따돌림도 죄가 되나요?
- 누가 좀 말려줘요!
- 그리스도인의 이성교제

크리스마스 - 대림절과
- 약속 그대로
- 성탄목의 의미
- 찬송을 넘어 기쁨으로
- 성탄예배 선물

◆ 4권-6권

4권 나는 예배자		5권 그리스도인의 관계형성		6권 어려운 질문	
나는 예배자	· 나는 예배자 · 춤추는 예배자 다윗 · 멈출 수 없는 예배 · 예배의 네 기둥 · 찬양과 예배 · 함께 드리는 기도 · 드림의 비밀 · 안식일의 주인	그리스도인의 관계형성	· 부모님 공경하기 · 싸우는 가정 · 깨어진 가정 · 믿지 않는 가정 · 다윗의 친구 요나단 · 중풍병자의 네 친구 · 우정의 황금률1. 선한 충고 · 우정의 황금률2. 섬김	기도베이직	· 기도 베이직 · 기도의 모범답안, 주기도문 · 어려울 때 드리는 기도 · 응답받는 믿음의 기도
				어려운 질문	· 응답받지 못하는 기도의 이유는? · 사탄은 정말로 있을까? · 지옥은 정말로 있을까? · 이단이 도대체 뭐야? · 중독, 어두운 그림자 · 내가 고통당할 때 하나님은 어디 계시는가? · 내가 믿음 때문에 손가락질 당할 때 하나님은 어디 계시는가? · 내가 죽고 싶을 때 하나님은 어디 계시는가?
사순절과 기쁨의 50일 II	· 향유를 부은 마리아 · 예루살렘으로 가는 길 · 마지막 설교, 한 알의 밀 · 고난과 영광의 길 · 부활하신 주님 · 디베랴 바닷가 · 감람산에서 · 마가의 다락방	믿음의 영웅들	· 믿음의 영웅들 · 순종하는 믿음, 노아 · 내려놓음의 축복, 아브라함 · 시련을 이기는 믿음, 요셉 · 인생을 바꾼 믿음, 라합 · 기적을 부르는 믿음, 바디매오 · 믿기 어려울 때 · 칭찬받는 믿음	크리스마스 대림절과 II	· 가브리엘의 방문 · 성령으로 기뻐한 사람들 · 베들레헴에 오신 왕 · 성탄예배 찬송하는 목자들

◆ 7권-9권

7권 하나님과 친밀함 누리기		8권 여호와의 리더십 학교		9권 성숙한 교회 공동체	
하나님과 친밀함 누리기	· 하나님의 우선순위 · 하나님은 나의 주? · 인생 나침판 · 친밀함으로 한걸음 말씀읽기 · 친밀함으로 한걸음 말씀처럼 · 친밀함으로 한걸음 거룩하게 · 성령님과 함께 걸어요 · 주님 다시 오실때까지	내면의 삶 가꾸기	· 걱정거리 · 열등감 · 탐욕 · 분노 · 강요 · 위선 · 영적 실패 · 경시	성숙한 교회 공동체	· 그리스도의 몸 된 교회 · 하나의 교회 · 한몸된 지체를 사랑하는 교회 · 예배공동체 · 품어주고 회복시키는 교회 · 쓰다남은 부스러기 · 선교하는 공동체 · 뜨겁든지 차갑든지
사순절과 기쁨의 50일 III	· 약속 · 약속으로의 초대 · 거절당한 예수님 · 마지막 수업 · 흔들 수 없는 결심 · 가상칠언 · 부활의 증인되기 · 성령받은 후에	여호와의 리더십 학교	· 희생과 섬김 · 사람 끌어안기 · 하나님께 묻는 리더 · 모세의 링커십 · 여호수아의 팔로어십 · 반면교사 솔로몬 · 느헤미야 프로젝트 · 리더 임명식	전도	· 주님의 부르심 · 나의 프로필 · 잃어버린 한 영혼 · 나만의 전도스타일
				크리스마스 대림절과 III	· 공의의 빛 · 기이한 빛 · 세상의 빛 · 성탄예배 빛의 축제

토틴시리즈 9권. 성숙한 교회 공동체

1판 1쇄 2014년 2월 15일
1판 3쇄 2017년 1월 5일
2판 1쇄 2022년 7월 1일

지은이 토기장이 교재연구팀
일러스트 김미용
대표 조애신
책임편집 김정민, 조미래
편집 이소연
디자인 지은주, 임은미
마케팅 전필영, 고태석
경영지원 전두표

발행처 도서출판 토기장이
주소 서울시 마포구 망원로 26 토기장이 B/D 3F
출판등록 1998년 5월 29일 제1998-000070호
전화 02-3143-0400
팩스 0505-300-0646
이메일 tletter77@naver.com

ISBN 978-89-7782-305-1

도서출판 토기장이는 생명 있는 책만 만듭니다.
"우리는 진흙이요 주는 토기장이시니 우리는 다 주의 손으로 지으신 것이니이다" (이사야 64:8)